Susanne Helmold

Dekorieren mit Perlen
Schönes für Ihr Zuhause

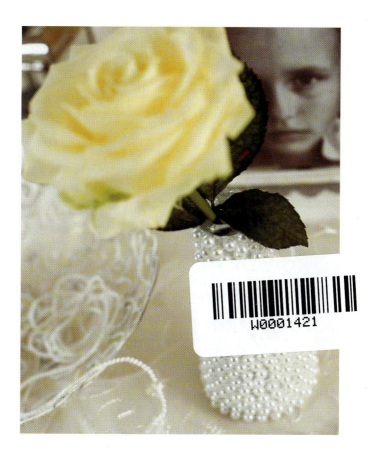

Ravensburger Ratgeber
im Urania Verlag

Vorwort

Perlen eignen sich bei weitem nicht nur für die Herstellung von Schmuck – sie bieten sich ebenso als Dekorationsmaterial an. Ob genäht, auf Draht gefädelt oder einfach geklebt: Mit Perlen lassen sich viele Dinge effektvoll verschönern. Wir haben uns für Sie einmal im Haus umgesehen und dabei viele Accessoires und Alltagsgegenstände entdeckt, die mithilfe von Perlen in kleine Kunstwerke verwandelt werden können.

Auch ohne handwerkliche Vorkenntnisse können Sie innerhalb kürzester Zeit schöne Ergebnisse erzielen. Lassen Sie sich inspirieren von den unterschiedlichen Materialien, der Vielfalt an Farben und Formen und den zahlreichen Gestaltungsmöglichkeiten. Viel Spaß bei der Arbeit mit Perlen!

Susanne Helmold

Material & Werkzeug

PERLEN

Perlen werden in vielen verschiedenen Farben, Größen und Formen angeboten. Je nach Verwendung kann man zwischen Perlen aus Glas, Kunststoff, Holz, Metall, Ton oder auch Halbedelsteinen wählen.

DRÄHTE UND FÄDEN

Zum Auffädeln der Perlen eignen sich Perlonfaden und dünner Draht. Perlonfaden sollte zwischen 0,15 und 0,4 mm stark sein. Werden viele beziehungsweise schwerere Perlen verwendet, sollte man mit Draht auffädeln. Draht in verschiedenen Stärken (0,4–1,2 mm Ø) erhalten Sie im gut sortierten Bastelgeschäft.

PERLENNADELN

Das Auffädeln erleichtern spezielle Perlennadeln, die in unterschiedlichen Längen und Stärken erhältlich sind.

FORMEN MIT DRAHT

Für das Biegen und Zusammenfügen einzelner Drahtteile benötigen Sie verzinkten Blumenbindedraht, Lötzinn und Lötkolben sowie verschiedene Zangen: Zum Verformen von verzinktem Blumenbindedraht ist eine Radiozange erforderlich, zum Schneiden von Draht eine Drahtzange. Alle Utensilien bietet jeder größere Baumarkt.

BIEGEHILFEN

Als Biegehilfen eignen sich Dinge aus dem täglichen Gebrauch – beispielsweise Tontöpfe, kleine Flaschen oder, für kleinere Radien, auch ein Besenstiel.

STOFFE

Baumwollorganza und Seidenstoffe sowie die in den Anleitungen aufgeführten Kurzwaren finden Sie in jedem guten Handarbeitsgeschäft.

VORLAGEN

Die Musterzeichnungen wurden teils 1:1, teils verkleinert abgebildet. Die Originalgröße erhalten Sie, indem Sie die Muster auf dem Fotokopierer dem angegebenen Maßstab entsprechend vergrößern.

Windlichthülle Organza

MATERIAL

Glaswindlicht
fliederfarbener Baumwollorganza
goldener Schlingenbesatz
orangefarbene Stiftperlen
pinkfarbene Stiftperlen
goldfarbene Glasfacettenperlen,
6 mm Ø
fliederfarbene Glasfacettenperlen,
6 mm Ø
fliederfarbene Glasfacettenperlen,
4 mm Ø
Perlonfaden
Textilkleber

Für die Windlichthülle zunächst das entsprechende Glaswindlicht vermessen. Die Maße zuzüglich 10 cm in der Breite und 5 cm in der Länge auf den Baumwollorganza übertragen und ausschneiden. Ober- und Unterkante versäumen und entlang der Längskante zusammennähen. Den Saum mit grobem Zickzackstich versäubern und die Stoffhülle auf rechts drehen. Für die langen Perlenschnüre

8 cm lange Stücke vom Perlonfaden abschneiden. Die Fäden unten mit einem Knoten versehen. Die Perlen in folgender Reihenfolge auffädeln:
1 Glasfacettenperle in Flieder (6 mm Ø),
1 Glasfacettenperle in Gold (6 mm Ø),
1 Glasfacettenperle in Flieder (6 mm Ø),
1 Stiftperle in Pink, 1 Stiftperle in Orange,
1 Stiftperle in Pink, 1 Stiftperle in Orange,
1 Stiftperle in Pink, 1 Stiftperle in Orange,
1 Stiftperle in Pink.

Für die kurzen Schnüre ca. 6 cm lange Perlonfäden herstellen und an einem Ende verknoten. Folgende Perlen auffädeln:
1 Glasfacettenperle in Flieder (4 mm Ø),
1 Stiftperle in Pink, 1 Stiftperle in Orange,
1 Stiftperle in Pink, 1 Stiftperle in Orange,
1 Stiftperle in Pink. Die Perlenschnüre in regelmäßigem Abstand mit einer Nähnadel durch die Oberkante der Windlichthülle führen und jeweils zwei Enden auf der Innenseite miteinander verknoten. Den goldenen Schlingenbesatz an der Oberkante aufkleben. Gut trocknen lassen. Den unteren Rand ebenfalls mit Schlingenbesatz bekleben.

Dose

Die blauen und türkisfarbenen Perlen in einem Schälchen vermischen. Vom Draht mehrere, ca. 50 cm lange, Stücke abschneiden und jeweils mit einer kleinen Öse versehen. Die Perlen in willkürlicher Reihenfolge auffädeln und auf diese Weise ausreichend viele Stränge herstellen. Die Perlenstränge nun eng übereinander angeordnet um die Dose legen und dabei mit der Heißklebepistole aufkleben. Den Heißkleber nur sehr sparsam verwenden, da sich überschüssiger Kleber ansonsten in den Zwischenräumen der Perlenschnüre absetzt. Überschüssigen Kleber in diesem Fall mit einem Cutter entfernen. So verfahren, bis die Dose vollständig mit Perlen beklebt ist. Mit dem Dosendeckel ebenso verfahren. Den Deckelrand zusätzlich mit zwei Reihen Perlenschnüren aus Gold-Rocailles bekleben. Zwischen diesen zwei Reihen Abstand lassen.

MATERIAL

Dose
verschiedene blaue und türkisfarbene Rocailles
goldfarbene Rocailles
Silberdraht, 0,25 mm Ø
Heißklebepistole

Kleiner Kronleuchter

MATERIAL

Verzinkter Blumenbindedraht
Silberdraht, Radiozange
Holzleiste
fünf Kerzentüllen
rote Glasfacettenperlen, 6 mm Ø
goldfarbene Glasfacettenperlen, 6 mm Ø
orangefarbene Stiftperlen, 12 mm Länge
Perle in Tropfenform
goldene Acrylfarbe

Vergrößern Sie die Musterzeichnung auf die doppelte Größe und biegen Sie dann nach der Vorlage fünf gleiche Leuchterarme aus verzinktem Blumenbindedraht. Aus 4 cm langen Drahtstücken mit der Radiozange fünf kleine Schlaufenhaken biegen. Diese Schlaufenhaken mit Silberdraht gemäß der Markierung an den Leuchterarmen befestigen. Für die Aufhängung ein 60 cm langes Stück Blumenbindedraht doppelt legen und die offenen Enden um die Holzleiste wickeln. Das geschlossene Ende um einen festen Gegenstand legen (zum Beispiel um eine Türklinke) und die Holzleiste so lange drehen, bis der Draht die gewünschte Kordelung erreicht hat. Die einzelnen Leuchterarme sowie die Aufhängung im Bereich der Markierung zusammenfügen: Zunächst zwei Arme mithilfe von ca. 50 cm langen Silberdrahtstücken stabil miteinander verbinden. Nach und nach die übrigen Arme und den gekordelten Draht für die Aufhängung hinzunehmen. Diesen durch die Mitte der Arme führen und alle Teile zusammen mit Silberdraht fest umwickeln. Die Kerzentüllen der Markierung entsprechend anlöten oder aufstecken. Den Kronleuchter zum Schluss mit goldener Acrylfarbe streichen. Für die Verzierung der Schlaufenhaken fünf ca. 10 cm lange Perlonfäden an einem Ende verknoten. Perlen in dieser Reihenfolge auffädeln: 1 Glasfacetten-

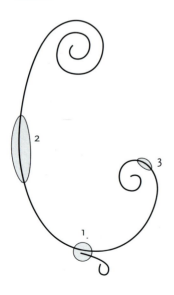

perle in Rot, 1 Glasfacettenperle in Gold, 2 Stiftperlen in Orange. Die Fadenenden an den Schlaufenhaken festknoten. Einen weiteren Perlonfaden mit 1 Glasfacettenperle in Rot, 1 Tropfenperle, 1 Glasfacettenperle in Rot, 1 Glasfacettenperle in Gold sowie 1 Glasfacettenperle in Rot bestücken und am unteren Ende der Aufhängung befestigen. Die Schlaufen unterhalb der Kerzenhalter jeweils mit einer an einem Perlonfaden hängenden roten Glasfacettenperle dekorieren.

Stifte

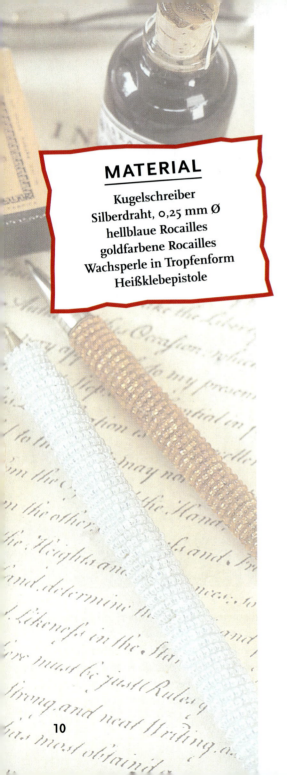

MATERIAL

Kugelschreiber
Silberdraht, 0,25 mm Ø
hellblaue Rocailles
goldfarbene Rocailles
Wachsperle in Tropfenform
Heißklebepistole

Selbst einfache Kugelschreiber lassen sich mit dieser Dekorationsidee effektvoll veredeln.

Für einen Kugelschreiber benötigen Sie mehrere, ca. 30 cm lange, Drahtstücke. Zunächst eine kleine Öse formen und dann die Rocailles aufreihen. Das Drahtende um den Perlenstrang knoten, sodass die Perlen straff aufgereiht bleiben. Für die Wachsperlenquaste ein 8 cm langes Stück Silberdraht abschneiden und mit einer Öse versehen. Die Perlen auffädeln: 1 Rocaille in Gold, 1 Wachsperle in Tropfenform, 8 Rocailles in Hellblau. Das Drahtende unterhalb der letzten Perle zwei- bis dreimal um den Draht wickeln. Anschließend zunächst die Wachsperlenquaste mit Heißkleber auf das Stiftende kleben. Nun den Stift von unten beginnend mit den Perlenschnüren eng umwickeln und dabei die Schnüre festkleben. Verwenden Sie den Heißkleber immer recht sparsam, da sich überschüssiger Kleber ansonsten in den Zwischenräumen der Perlenschnüre absetzt. Kleberüberschuss mit einem Cutter entfernen.

Organzakissen

Mit wenig Aufwand eine große Wirkung erzielen: Stiftperlen veredeln dieses schlichte Kissen. Es erhält eine doppelte Umrahmung aus weißen Perlensternen und aus länglichen rosafarbenen Perlen. Die Sterne setzen sich ganz einfach aus fünf gleichmäßig angeordneten silbernen Stiftperlen zusammen. Zeichnen Sie zunächst ca. 2 cm vom Kissenrand entfernt die Positionen für die Sterne im Abstand von 5 cm zueinander mit Schneiderkreide auf. Nähen Sie anschließend die Sterne auf das Kissen. Verzieren Sie nun den Kissenrand mit rosafarbenen Stiftperlen, indem Sie sie im Abstand von jeweils 5 mm aufnähen.

MATERIAL

weißes Organzakissen
silberfarbene Stiftperlen,
12 mm Länge
rosafarbene Stiftperlen,
6 mm Länge
passendes Nähgarn
Nähnadel
Schneiderkreide

Samtherzen

MATERIAL

Samt in Rottönen
Füllwatte
rosafarbene Stiftperlen
pinkfarbene Stiftperlen
passendes Nähgarn
rosafarbenes Seidenbändchen

Die Schnittvorlage Herz 2-fach vergrößern und ausschneiden. Den Samtstoff doppelt legen und die Schnittvorlage mit Heftnadeln feststecken. Das Herz mit einer Nahtzugabe von 1,5 cm ausschneiden. Beide Teile auf links zusammenlegen und bis auf einen 5 cm langen Schlitz zusammennähen. Dann den Saum an den äußeren Kanten einschneiden. Diese Methode gewährleistet, dass die Naht flach aufliegt, wenn die Nahtzugabe aufgebügelt wird. Das Herz auf rechts drehen und mit dem Bügeleisen glätten. Mit Füllwatte füllen. Den verbleibenden Schlitz von Hand zunähen. Nun die Stiftperlen gleichmäßig verteilt aufnähen. Zum Schluss mit einem rosafarbenen Seidenbändchen dekorieren: eine Schleife binden und zwischen den beiden Herzrundungen aufnähen.

Teelichthalter

MATERIAL

Verzinkter Blumenbindedraht
Silberdraht, 1 mm Ø
hellblaue Stiftperlen, 12 mm Ø
orangefarbene Rocailles, 5 mm Ø
Radiozange
Drahtzange

Vom verzinkten Blumenbindedraht vier Stücke in der Länge von 20 cm mit der Drahtzange zuschneiden. Die Musterzeichnung auf 150 % vergrößern und die Drahtstücke mit der Radiozange entsprechend der Vorlage zurechtbiegen. Zwei gebogene Formen zusammenlegen und im angezeichneten Bereich mit Silberdraht fest umwickeln. Dann die dritte Form im rechten Winkel entsprechend der Markierung anlegen und ebenfalls fest mit Draht umwickeln. Mit der vierten Form genauso verfahren und das Drahtende fest verknoten. Alternativ können die Drahtstücke auch zusammengelötet werden. Hierfür benötigen Sie einen Lötkolben sowie Lötzinn und eine nicht brennbare Unterlage. Dafür die Drahtstücke auf eine gerade Unterlage (z. B. eine Küchenfliese) legen und entlang dem eingezeichneten Segment zusammenlöten. Die Lötstelle mit Silberdraht fest umwickeln. Anschließend mehrere lange Drahtstücke zuschneiden und mit kleinen Ösen versehen. Die Perlen auffädeln: abwechselnd 1 Stiftperle in Hellblau (12 mm Ø) und 1 Rocaille in Orange (5 mm Ø). Ein Drahtstück an einer Schlaufe festknoten und nacheinander so um die übrigen drei Schlaufen führen, dass ein Quadrat entsteht. Die Teelichtarme nun fortlaufend bis zur Biegung umwickeln. Die Drahtenden jeweils an den Teelichtarmen befestigen.

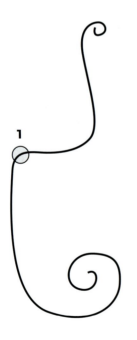

1

Teelichthalter Netzblätter

Hier sehen Sie eine andere Teelichthalter-Variante, die sehr einfach herzustellen ist und trotzdem viel Wirkung erzielt. Zunächst wird ein Stück doppelseitiges Klebeband mittig um das zylindrische Glas geklebt. Nun belegt man das Glas dicht mit Netzblättern, wobei die Spitzen der Blätter zur Glasöffnung zeigen. Anschließend werden die Sicherheitsnadeln geöffnet und in beliebiger Reihenfolge mit Wachsperlen verschiedener Größen bestückt.

Nun umwickelt man das Glas mehrmals mit einer weißen Kordel und fädelt dabei an einem Strang die Sicherheitsnadeln auf. Anschließend wird die Kordel auf der Rückseite des Glases verknotet.

MATERIAL

zylindrisches Glas
Netzblätter
weiße Kordel
Sicherheitsnadeln
Wachsperlen, 2 mm, 4 mm und 6 mm Ø
doppelseitiges Klebeband

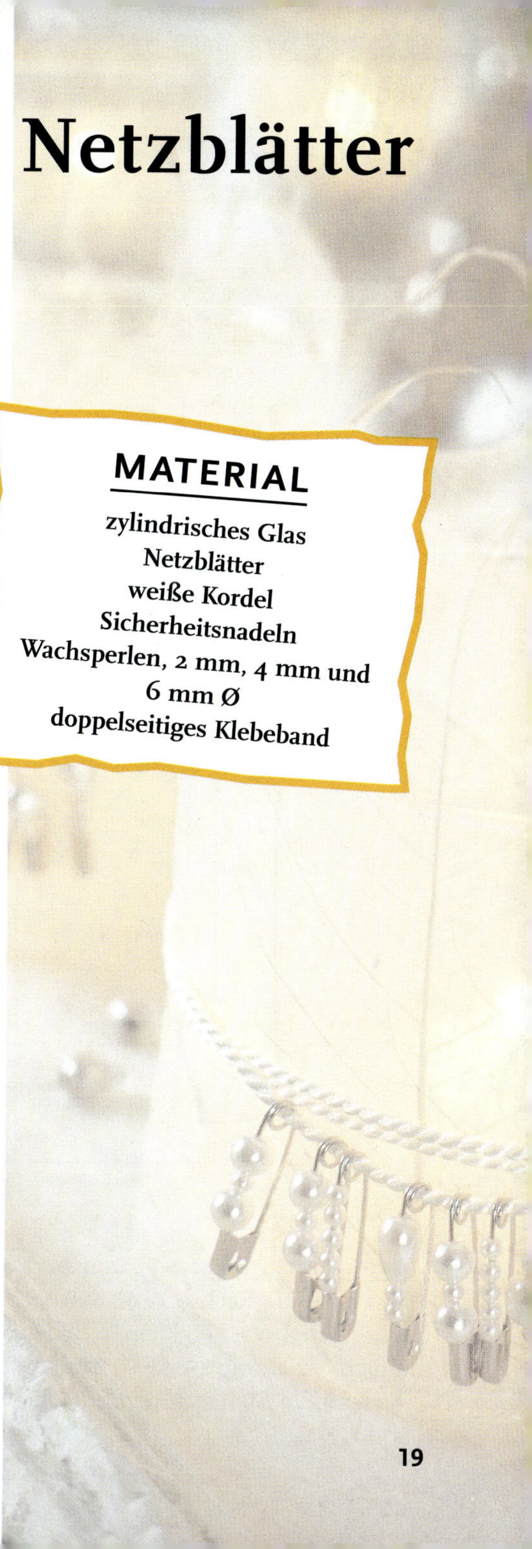

Wattierter Bilderrahmen

MATERIAL

Dupionseide
Karton
Volumenvlies, Vlieseline
Textilkleber, Cutter
violette Stiftperlen, 6 mm Ø
pinkfarbene Stiftperlen, 6 mm Ø
Perlonfaden
Schere

Cutter ausschneiden. Das Volumenvlies auf die Rahmenvorderseite bügeln. Die ovale Vorlage für den Ausschnitt 3-fach vergrößern und die Maße der Vorlage für die Stütze auf Karton übertragen und ausschneiden. Das Oval mittig auf die Rahmenvorderseite legen und das Vlies entlang der Vorlage mit einer Schere ausschneiden. Aus Dupionseide für den Bezug der Vorder- und Rückseite zwei Rechtecke à 18,5 x 22 (kleiner Bilderrahmen) beziehungsweise 24 x 27 cm (großer Bilderrahmen) zuschneiden. Die Kanten mit Vlieseline verstärken, um ein Ausfransen der Kanten zu verhindern. Die Dupionseide auf das Volumenvlies legen, den überstehenden Stoff auf die Kartonrückseite ziehen und mit Textilkleber festkleben. Den Stoff im Ausschnitt bis auf 2,5 cm zurückschneiden und einschneiden. Die Stoffecken auf der Kartonrückseite mit Textilkleber festkleben, dabei den Stoff leicht spannen. Die Rahmenrückseite ebenfalls mit dem Stoff bespannen. Das Foto hinter den Ausschnitt kleben und Vorder- und Rückseite mit Textilkleber zusammenkleben. Die Stütze mit Stoff beziehen, oben 4 cm breit einknicken und unten, wie in der Vorlage angegeben, ebenfalls knicken. Die Stütze mit der oben geknickten Seite an der Rückseite des Bilderrahmens festkleben. Die Bilderrahmen gemäß Foto mit Stiftperlen besticken.

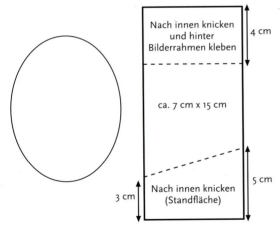

Aus festem Karton je zwei, und aus Volumenvlies je ein Rechteck mit den Maßen 12,5 x 16 cm für einen kleinen Bilderrahmen beziehungsweise 18 x 21 cm für einen großen Bilderrahmen mit einem

Flaschenverschluss

> **MATERIAL**
>
> Korken mit Kugel
> verschiedenfarbige Rocailles
> Silberdraht, 0,25 mm Ø
> Heißklebepistole

Auch einfache Flaschen mit Kugelkorken lassen sich durch die Dekoration mit Perlen im Nu verschönern – mit etwas Draht und Rocailles in verschiedenen Farben können Sie Kugelflaschenkorken in einen richtigen Blickfang verwandeln.

Die Perlen in einem Schälchen mischen. Mehrere, ca. 50 cm lange Drahtstücke zuschneiden und mit Ösen versehen. Die Perlen in beliebiger Reihenfolge aufreihen. Einen Tropfen Heißkleber auf den Übergang vom Korken zur Kugel geben und den Anfang der Perlenkette festkleben. Den Heißkleber kurz abkühlen lassen und mit dem Bekleben fortfahren, bis die Kugel vollständig mit Perlen bedeckt ist. Den Korken auf die Flasche stecken und den Flaschenhals mit einer farblich passenden Schleife verzieren.

Kissen mit Perlenborte

Hier ein weiterer Vorschlag für die Dekoration von Kissen: Schon das Anfügen einer Perlenborte veredelt fertige Kissenbezüge effektvoll. Den Bezug zunächst an zwei gegenüberliegenden Nähten auftrennen. Nun die Nähte mit dem Bügeleisen glätten. Zahlreiche, ca. 3 cm lange Perlonfäden zuschneiden und mit Knoten versehen. Die Wachsperlen in folgender Reihenfolge auffädeln:
1 Wachsperle (2 mm Ø), 1 Wachsperle (4 mm Ø), 1 Wachsperle (6 mm Ø), 1 Wachsperle (4 mm Ø), 1 Wachsperle (2 mm Ø). Mit einem Knoten abschließen. So verfahren, bis genügend Perlenfransen für die jeweilige Kissengröße vorhanden sind. Die Kissenhülle auf links drehen und die Perlenschnüre im Abstand von 1 cm in den Saum einnähen. Die Naht wieder schließen.

MATERIAL

weißer oder heller Kissenbezug
Perlonfaden
Wachsperlen, 2 mm, 4 mm und 6 mm Ø
Nähgarn
Nähnadel

Perleneier

MATERIAL

Eier aus Plexiglas
Rocailles
Silberdraht, 0,25 mm
Heißklebepistole

Vom schlichten Osterei zum kreativen Glanzlicht: Auf Draht aufgefädelte Rocailles verwandeln Plexiglaseier in wahrhaft prunkvolle Accessoires. Zunächst werden mehrere, ca. 50 cm lange Drahtstücke zugeschnitten und mit einer Öse versehen. Die Perlen in ein flaches Schälchen geben und in beliebiger Reihenfolge auf den Draht fädeln. Das Drahtende unterhalb der letzten Perle zwei- bis dreimal um den Draht wickeln, sodass die Perlen straff aufgereiht bleiben. So verfahren, bis genug Perlenschnur für die jeweilige Eigröße vorhanden ist. Die Eier von unten beginnend mit den Perlenschnüren bekleben. Überschüssigen Heißkleber zum Schluss mit einem Cutter entfernen.

TIPP

Das Einfügen einer goldenen Perlenreihe in der oberen Eihälfte verleiht ein- oder zweifarbigen Eiern eine besonders elegante Note.

Kleine Vase

MATERIAL

Kleine Vase
weiße Acrylfarbe
elfenbeinfarbene Perlenkette
Heißklebepistole

Klein aber fein: Mit Endlosperlenketten lassen sich schlichte kleine Vasen schnell und einfach verzieren. Der Untergrund der Vase sollte hell sein; wenn Sie Flaschen oder bemalte Vasen verwenden wollen, streichen Sie die Oberfläche zunächst mit weißer Acrylfarbe. Die Farbe trocknen lassen. Anschließend einfach etwas Heißkleber auf den unteren Vasenrand geben, das Kettenende darauf legen und andrücken. Von dort aus die Perlenkette fortlaufend eng um die Vase winden und dabei aufkleben, bis die gesamte Oberfläche bedeckt ist.

Serviettenringe

Zunächst ein ca. 30 cm langes Stück vom verzinkten Blumenbindedraht abschneiden. Mit der Radiozange den Draht 3,5-mal um die Biegehilfe (beispielsweise Blumentopf; kleines Marmeladenglas) wickeln. Die vorgegebene Kreisgröße sollte dabei nicht überschritten werden, da die Spannung des Drahtes so groß ist, dass sich der Kreisdurchmesser immer wieder etwas vergrößert. Die Enden mit einer Radiozange zu einer Schneckenform eindrehen. Den gesamten Draht fest mit Silberdraht (0,6 mm Ø) umwickeln. Kurze Stücke Silberdraht (0,4 mm Ø) mit kleinen Ösen versehen und farblich zueinander passende Glasfacettenperlen aufziehen. Die Drahtenden im Abstand von 1–1,5 cm an dem stärkeren Silberdraht befestigen.

MATERIAL

Verzinkter Blumenbindedraht, 1,8 mm Ø
Silberdraht, 0,6 mm Ø
Silberdraht, 0,4 mm Ø
verschiedene Perlen
Biegehilfe, 5 cm Ø
Radiozange
Drahtzange

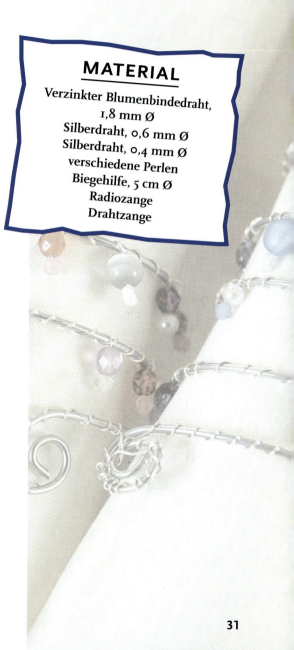

Orientalische Lampe

MATERIAL

Lampe
pinkfarbenes Lackspray
Perlonfaden
Nähnadel
Allzweckkleber
Wachsperlen in Tropfenform,
6 x 10 mm
weiße Rocailles
rosafarbene Glasfacettenperlen,
6 mm Ø
pinkfarbene Stiftperlen,
12 mm Länge
silberfarbene Stiftperlen,
12 mm Länge

Den Lampenschirm zunächst mit Pink kolorieren.

Für die Fransen eine ausreichende Anzahl 10 cm langer Perlonfäden zurechtschneiden und an den Enden verknoten. Mithilfe einer Nähnadel jeweils folgende Perlen auffädeln: 1 Wachsperle in Tropfenform (6 x 10 mm), 1 Glasfacettenperle in Rosa (6 mm Ø), 3 Rocailles in Weiß, 1 Stiftperle in Pink, 1 Rocaille in Weiß, 1 Stiftperle in Silber, 1 Rocaille in Weiß, 1 Stiftperle in Pink, 1 Rocaille in Weiß, 1 Stiftperle in Silber. Mit einem Knoten abschließen. Zum Schluss die Perlenfransen im Abstand von 5 mm entlang der gesamten Innenseite des Lampenschirmes mit Allzweckkleber befestigen.

ACHTUNG

Beim Arbeiten mit Sprühlacken immer auf eine gute Durchlüftung achten und eine Atemschutzmaske tragen.

Geschenkanhänger Herz

MATERIAL

Karton
Cutter
Kohlepapier
helles Dekogras
cremeweißes Nähgarn
cremeweißes Dekobändchen
Wachsperlen in verschiedenen Größen
Heißklebepistole

So kommen Geschenke von Herzen: Gestalten Sie Geschenkanhänger aus Dekogras und Wachsperlen.

Zunächst die Herzvorlage 2-fach vergrößern, ausschneiden und auf Karton legen. Kontur nachzeichnen und anschließend auf einer festen Unterlage mit einem Cutter ausschneiden. Das Dekogras etwas auseinander ziehen und locker über den Karton legen. Das Nähgarn einmal um das Herz wickeln und verknoten. Anschließend das aufgelegte Gras mit dem Nähgarn fest umwickeln. Das Herz erneut mit Gras belegen und mit Nähgarn fixieren. So fortfahren, bis das Herz die gewünschte Stärke erreicht hat. Zur Dekoration unterschiedlich große Wachsperlen vereinzelt mit Heißkleber auf das Gras kleben. Zum Schluss mit einer Schleife aus cremeweißem Dekobändchen verzieren.

Teelichter

MATERIAL

Teelichter aus Glas
verschiedenfarbige Rocailles
Silberdraht, 0,25 mm
Heißklebepistole

Bunt umwickelt: Verziert mit bunten Rocailles werden schlichte Teelichter aus Glas zu fröhlichen Blickfängen.

Das Glas vor dem Bekleben mit Spülmittel reinigen. Die Perlen in den gewünschten Farben in einem Schälchen mischen. Mehrere, ca. 50 cm lange, Drahtstücke zuschneiden und mit Ösen versehen. Die Perlen in beliebiger Reihenfolge aufreihen. Das Drahtende unterhalb der letzten Perle zwei- bis dreimal um den Draht wickeln, sodass die Perlen straff aufgereiht bleiben. Nun das Glas von unten beginnend nach und nach mit den Perlenschnüren bekleben. Den Heißkleber nur sehr sparsam verwenden, da sich überschüssiger Kleber ansonsten in den Zwischenräumen der Perlenschnüre absetzt. Überschüssigen Kleber in diesem Fall mit einem Cutter entfernen. So verfahren, bis das Glas vollständig mit Perlen beklebt ist.

Tischset

MATERIAL

helles Jutegewebe
weißes Nähgarn
elfenbeinfarbene Strasssteine
zum Aufnähen
Nähnadel

Einem einfachen Tischset aus hellem Jutestoff verleihen in Metall gefasste Perlen festlichen Glanz. Aus hellem Jutegewebe ein Rechteck in den Maßen 40 x 25 cm fadengerade ausschneiden. Den Stoff mit dem Bügeleisen glätten. Mit der Nähmaschine in 2 cm Abstand zum Rand das Set an allen vier Seiten mit engem Zickzackstich umnähen. Danach die überschüssigen Fäden, die parallel zur Zickzacknaht verlaufen, herausziehen, sodass Fransen entstehen. Die Fransen mit den Fingern oder, falls nötig, mit dem Bügeleisen glätten. Für die Perlenverzierung die Strasssteine in einem Abstand von 1,5 cm auf der Zickzacknaht platzieren und mit weißem Nähgarn aufnähen.

Eierbecher

Für ein beschwingtes Frühstück: Auf diesen Eierbecher werden Glasperlen in unterschiedlichen Formen, Farben und Größen aufgereiht.

Zunächst ein ca. 40 cm langes Stück Blumenbindedraht zuschneiden. Mit der Radiozange den Draht viermal um die Biegehilfe (beispielsweise Blumentopf, kleines Marmeladenglas) wickeln. Die vorgegebene Kreisgröße sollte dabei nicht überschritten werden, da die Spannung des Drahtes so groß ist, dass sich der Kreisdurchmesser immer wieder etwas vergrößert. Die Enden mit einer Radiozange zu einer Schneckenform eindrehen. Für die Standfestigkeit eine Schnecke als Fuß mit der Radiozange nach außen biegen. Die andere Schnecke dient als Halterung für das Ei. Den gesamten Draht fest mit Silberdraht (0,6 mm Ø) umwickeln. Für die Dekoration kurze Stückchen Silberdraht (0,4 mm Ø) zuschneiden und mit Ösen versehen. Nun farblich zueinander passende Glasfacettenperlen aufziehen und die Perlendrähte im Abstand von 1–1,5 cm am gewundenen Draht befestigen.

> **MATERIAL**
> Blumenbindedraht, 1,8 mm Ø
> Silberdraht, 0,6 mm Ø
> Silberdraht, 0,4 mm Ø
> verschiedene Perlen
> Biegehilfe
> Drahtzange
> Radiozange

Spiegel mit Wachsperlen

MATERIAL

Spiegel mit Holzrahmen
Wachsperlen in verschiedenen
Größen
weiße Acrylfarbe
Holzleim

Ein echtes Schmuckstück: Dieser Spiegel wird mit vielen unterschiedlich großen Wachsperlen verschwenderisch dekoriert.

Die Wachsperlen zuerst in einem Schälchen mischen. Etwas Holzleim auf den Holzrahmen geben und die Wachsperlen in den noch weichen Leim legen. Holzleim härtet transparent aus und hinterlässt somit keine Flecken auf den Perlen. Sobald der gesamte Holzrahmen mit einer Lage Perlen beklebt ist, den Holzleim nach den Angaben des Herstellers vollständig trocknen lassen. Nun die Perlenlage satt mit Holzleim bestreichen und die Fläche wiederum mit Perlen belegen. Darauf achten, dass die Perlen in verschiedenen Größen gleichmäßig über den Rahmen verteilt werden. So verfahren, bis der Rahmen in mehreren Schichten mit Perlen beklebt ist. Lücken zum Schluss mit passenden Perlen schließen.

Windlicht mit Perlenschnüren

MATERIAL

Weckglas
verschiedene Perlen
Silberdraht, 0,6 mm Ø
Silberdraht, 0,25 mm Ø

Für dieses kunterbunte Windlicht werden verschiedenartige Perlenstränge gefertigt. Dazu zunächst die Höhe des Weckglases vermessen. Dann ausreichend viele Stücke vom Silberdraht (0,25 mm Ø) zuschneiden, die mindestens 4 cm länger sein sollten als das Weckglas. Die Drähte mit Ösen versehen. Perlen in einem Schälchen mischen und dann in beliebiger Reihenfolge zur erforderlichen Länge auffädeln. Den Draht am Ende über die letzte Perle hinweg verknoten. Den Umfang des Glases vermessen und dann ein mindestens 4 cm längeres Stück Silberdraht (0,6 mm Ø) zuschneiden. Die Perlenschnüre im Abstand von 0,5 cm an diesem Draht verknoten. So verfahren, bis der Draht auf voller Länge mit Perlenschnüren behängt ist. Den Draht zum Schluss um den oberen Glasrand legen und beide Drahtenden miteinander verknoten.

Serviette

MATERIAL
Serviette
weiße Rocailles
weißes Nähgarn

Ein wahres Schmuckstück für die feierlich gedeckte Tafel: schlichte, weiße Servietten, kunstvoll mit zarten Blumen aus weißen Rocailles bestickt.

Die Herstellung ist denkbar einfach. Übertragen Sie die Blumenvorlage mit Schneiderkreide auf die Serviette. Nähen Sie nun die Rocailles mit farblich passendem Nähgarn auf die Serviette auf.

Bezugsquelle für Perlen und Zubehör

Creative Hobbies GmbH
Bamberger Straße 21
96215 Lichtenfels

Alle in diesem Buch veröffentlichten Abbildungen und Modelle sind urheberrechtlich geschützt und dürfen nur mit ausdrücklicher schriftlicher Genehmigung des Verlages und der Urheber gewerblich genutzt werden.

Bei der Verwendung im Unterricht und in Kursen ist auf dieses Buch hinzuweisen.

Die im Buch veröffentlichten Ratschläge wurden von Autorin und Verlag sorgfältig erarbeitet und geprüft. Eine Garantie kann dennoch nicht übernommen werden, ebenso ist eine Haftung der Autorin bzw. des Verlages und seiner Beauftragten für Personen-, Sach- und Vermögensschäden ausgeschlossen.

Die Deutsche Bibliothek – CIP-Einheitsaufnahme
Ein Titeldatensatz für diese Publikation ist bei Der Deutschen Bibliothek erhältlich.
ISBN 3-332-01268-1

www.dornier-verlage.de
www.urania-ravensburger.de
1. Auflage September 2001
© 2001 Urania Verlag, Berlin
Der Urania Verlag ist ein Unternehmen der Verlagsgruppe Dornier.
Alle Rechte vorbehalten.
Umschlaggestaltung: Behrend & Buchholz, Hamburg
Fotos: Markus Hertrich
Lektorat: Christina Kruschwitz
Gestaltung und Layout: Berliner Buchwerkstatt, Britta Dieterle / Ulrike Sindlinger
Druck: Messedruck Leipzig GmbH
Printed in Germany

Gedruckt auf alterungsbeständigem Papier mit chlorfrei gebleichtem Zellstoff.

Die Schreibweise entspricht den Regeln der neuen Rechtschreibung.